ファンタジーの終焉

生命の充全さへのいざない

ダリル・ベイリー　溝口あゆか 訳

dismantlingthefantasy

An Invitation to the Fullness of Life

Darryl Bailey

ナチュラルスピリット

DISMANTLING THE FANTASY
by Darryl Bailey

ここには何の伝統もなく、
また、説得したり、改宗させる試みでもない。
本書は、それがそれ自身に問いかける夢である。

雲

昔、昔、丘の上で若者のグループが雲を眺めていました。田舎道を歩きながら、雲の形に魅了されてしまったのです。それは、実に大きく湧きあがった見事な雲で、ある一瞬は家の形に、次の瞬間には風船の群れ、そして、森、街、動物、人々へと形を次々に変え、その動きがやむことはありません。

そうこうするうちに、ある一人の見知らぬ老人が通りかかりました。グループは老人を見ると、興奮した声で「そこのご老人、こっちへ来なさいよ。一緒に雲を見ましょうよ！」と叫びました。

そそくさに互いに自己紹介を済ますと、老人は若者たちの輪に加わりました。

雲が驚くような形を見せる中、午後は気持ちよく過ぎ去っていきました。雲の形は、戦場の兵士たち、遊び回る子供、野生の鳥、動物、魚、重い荷物をかつぐ家畜、母と子の姿、そして恋人たちやいがみ合う者たち、友達、敵、人々の交流や一人者の姿、悲惨な風景など、様々な人生の模様も現れてきました。

時間が過ぎ、午後も暮れてくると、老人はようやく立ち上がり、その場を立ち去ろうとしました。若者のグループに礼を言い、さようならと挨拶をしたものの、何となく躊躇《ちゅうちょ》し、グループを見つめました。

「ちょっと聞いてもいいかな?」

「もちろん」と彼らは口々に答えました。

「さっきまで見ていた、いろいろと現れてきた人たちのことを気にかけている？」

「えっ、誰のこと？」

「今日、雲の中に見た兵士や子供たちや動物とか……」

若者たちはお互いを見渡し、困惑した表情になりました。

「ご老人、人も動物も雲の中にはいないんですよ」と彼らの中の一人が答えると、他の者もうなづきました。

「どうしてそれが分かるのかね？　どうして、それが雲だけだって分かるのかな？」

「見ての通りですよ」

「見ての通りって？」

「雲しかないじゃないですか。今もほら、あそこにあるでしょう」

「私たちが見ていたいろいろな形や出来事はどうなのかね？」

「形なんてないんですよ。雲があるだけで、特に決まった形がそこにあるわけじゃないんです」

「どうしてそれが分かるのかね？」

「ほら、雲をただ見てみてください。そうすれば分かるはずです」

「あなた方には何が見えるのかな？」

「そこに形なんてないことです」

「どうしてそれが分かるのかね？」

「なぜなら、形は常に変化しているからです。どの形も実際に存在していたわけじゃなくて、あなたが見た形はそれが何であれ、常に変化していて、違う形にまた変わっていくんです」

「どうしてそれが分かるのかね？」

「ただ見てくださいよ。あなたがしなければいけないのは、それだけです！」

「兵士も、動物も、子供たちもいないということだね？」

「いません。それらが存在していたかのように見えたかもしれないけど、実際には雲があるだけです」

「戦うことを決めた兵士や愛し合うことにした恋人同士も？」

「実際には存在しない形が何かを決めたり、したりすることができますか？　単に雲の動きがあっただけですよ」

「では、雲がその動きを決めているのかな？」

「いいえ、雲が自分で動きを決めているんではないです。実際に存在する形もないし、ただ動きが起きているだけです。それが自然というものです」

「つまり、人々は存在しないということ？　誕生や死も存在しないということ？」

「何の誕生と死のことを言っているのですか？　雲しかないんですよ。たくさんの形が現れては消えていくように見えるかもしれないけれど、決まった形のない雲があるだけです」

「そこに何かをしようと考えている人はいないのだね？」

「ええ、いません。そこに現れてきた形は、実際にはそこにあるわけじゃないんです。どの形も常に変化し続けていて、最終的に消えてしまうでしょう。あるのは、動きだけです。現れた形は、現実じゃないんです。見せかけの形です。動きがあるだけ。特に決まった形のない動きの流れがあるだけです」

「でも、あの寄り添っていった恋人同士は？」

「恋人たちも、兵士も、子供たちも存在しないんです。あるのは雲だけ」

老人は、ゆっくりと考えを巡らすと、こう言いました。

「ふむ、そこに形はないということだね？　行動を決めるということも、そして誕生も死もない？」

「その通り！」。若者たちは、やっと老人に理解してもらえたと思い、そう答えました。

「しかし、それが絶対に真実だと、どうして分かるのかね？」

「ただ見てくださいよ！　あなたが見ている様々な形は常に変化していて、一度も変化が止まったことはないんです。特に決まった形がそこにあったことは一度もないんです。もし、雲がどんなものかをあなたが説明するとしたら、それは馬や兵士みたいに見えるものとは言わないはずです。そんなのは、本当の雲の説明にならないでしょう。雲は常に変化しているのだから。

現れた形は、現実ではないんです。変化しているということが現実です。それは基本的な事実ですよ。どんなにそんなふうに見えたとしても、何かの行き来もないし、誕生も死もなく、誰かが何かを決めたということもないんです。そこには動きがあるだけです。もし、雲を長く見つめていれば、誰でもそれは分かるでしょう」

老人は、注意深く考えながら尋ねました。

「あなた方は、それが真実だと絶対に確信できるのだね？」

「もちろん、絶対に確信できますよ。そしてあなただって、このダイナミックな、常に変化し、動いている状態を見れば、分かるはずです」

「うむ……」

老人は、彼らの言葉を深く考えた上で、

「一つ尋ねても良いかな?」と言い、グループは黙ったまま老人の質問を待ちました。

「あなた方は、本当に人間なのかな?」

「一体あなたは何を考えているのですか? もちろん、私たちは人間です」

「しかし、あなた方も常に変化しているよね?」

「えっ?」

「あなたであるすべて――あなたの体、思考、感情、興味、衝動、欲望、能力、選択、集中、観念、活動――、実際のところ、あなただけではなく、あなたが知っているすべてのものは変化している」

「それが、どうかしましたか？」

「すべてが常に変化しているよね？」

「はい……」、若者たちは小さな息をつきながら答えました。「確かにすべては変化しています」

「では、あなた方がそれらを変えているのかな？」

「いいえ、ご老人、それはただ単に……」

その瞬間、グループはその場に立ちすくみ、老人を見つめました。思考がぐるぐると巡り、他に答えはないのかと忙しく探し回りました。

老人は若者たちを見つめ返し、彼らも老人を見つめ続けました。老人はさらに彼らを見つめ、それは、とてもとても長い時間に感じられました。

そして、老人は微笑み、背中を向けて、また歩き出しました。

ダイアローグ　1

質問者：お早うございます。

ダリル：お早うございます。

質問者：もうすでにいくつか質問しましたが、あなたが人生をどう捉えているかについてもっと明確に理解したい点があり、さらにお聞きしたいと思います。

ダリル：どうぞ。しかし、私が話しているのは単純に私の捉え方ということです。私はそれを誰かに信じて欲しいとは願いませんし、他の人が私と同じように人生に対してアプローチすることも期待していません。あくまでも私の捉え方をあるがままに、話すことが起きるがままに話すだけです。

質問者：はい、それは分かっています。まずは、あなたが自分自身をスピリチュアル・ティーチャーとみなしているかどうかを聞くことから始めたいと思います。

ダリル：いいえ。そうは思っていません。そういう立場の人がいるわけではないのです。そういうことが起きているとは言えるでしょうけど、私がスピリチュアル・ティーチャーということではありません。

質問者：でも、あなたは地元のヨガセンターでスピリチュアルなことを教えていますね。

ダリル：そうではないんです。何年も前に、人生をどう捉えているかについて話して欲しいとセンターから招かれました。私の話のテーマは、私たちが人生に抱いている考えが本当に私たちの体験と合致しているのかどうかを見極めること、そして今この瞬間の私たちがまさに体験していることを吟味《ぎんみ》しようということであって、私としては決してスピリチュアルなことを教えているという意識はないのです。

質問者：しかし、あなたの話の大部分は、仏教やタオイズム、アドヴァイタや他の教えとよく似ていると思います。

ダリル：ええ、ときにはキリスト教とさえ似ていることでしょう。それらの伝統的な教えには、私の話ととても似ている部分と、一方でまったく違う部分もあると思います。

質問者：しかし、あなたはこれらの伝統的な教えを過去に長年、探求していました。仏教徒でもあったし、有名な仏教の先生とともに暮らしたり、また一般的に悟りを得たとみなされている先生たちと過ごしたこともありました。

ダリル：はい。私は幼い頃から、ものの見方には何かおかしな点があると感じていましたが、でもそれが何であるのかははっきりと分かりませんでした。そのために、いろいろな瞑想や伝統的な教え、先生に惹かれていったのです。というのも、彼らはものの見方を吟味することに関心を示していたので、私の長年の疑問が解けるのではないかと考えたのです。過去数年間、たくさんのそういった先生に出会いました。

今ヨガセンターでやっているのは、参加者に自らの経験を調査する機会を提供することです。それは参加した誰にとっても多くの驚きがあるようです。

もともとは一人の友人と一緒に始めた探求ですが、現在は大きなグループに成長しました。多くの人が日常生活に役立っていると言っています。

ある人は人生についてとても明白な考察だと言い、ある人はすべての伝統的なスピリチュアルの教えを説明したものだと言い、一方ではまったくの見当違いだという人もいます。

ですが、私はどの人の意見も一切気にしません。私が面白く感じるのは、この探求をしていると、ときどきある種の自由が湧いてくることです。

質問者：どんな類《たぐい》の自由なのか教えてもらえますか？

ダリル：残念ながらできません。言葉で説明できるものではないのです。最も深遠な自由が持つ様相は、人生を定義することに背を向けるものです。つまり最終的に、思考が作り出すストーリーをまったく信じなくなることです。思考は日常の機能的な事柄に対しては必要ですが、そのうちに物事の在り様を説明したいという思考の強迫観念的な衝動は消えていき、必要ではなくなります。

ですので、さらに説明をつけ加えていくことに意識を注いでも、この自由がどんなものであるかを伝えることは不可能なのです。

質問者：ある人は、もし私たちが物事の捉え方や思考に焦点を当てることをやめれば、純粋な気づき、純粋な意識に到達すると言っていますが、あなたはそれに賛成ですか？

ダリル：いいえ。それもまた別の思考に過ぎません。存在については間違った仮定がいくつかあります。自分は気づきであるとか、または意識であると思いながら子宮から生まれてくる人は一人もいません。私たちは社会によって、自分は何者であるかと考えるように時間をかけて刷り込まれるのです。

人はときどきこういった私の発言を、ニヒリズムだとか、役立たずな考え、人生を否定している、または害あるものだと言って却下してしまいます。

質問者：それに対して、あなたはどう思われているのですか？

ダリル：私の経験ではそうではありません。そういった反応は、私が指し示しているのが理解できていないことを示しているに過ぎません。

人は必死に存在を説明したがるもので、歴史的にも存在とは物質やエネルギー、意識、魂、ワンネス、そして神秘だなどと語られてきました。しかし、これらの表現は制限された解釈でしかありません。すべてそうです。どの表現も決して人生が真にどんなものであるかを伝えることはできないのです。

私なら物質、エネルギー、意識、魂、ワンネス、そして神秘も何もかもすべて存在しないと言うでしょう。ただ、この発言はよく誤解されてしまいます。何もないと言うと、人はよく殺風景な印象を持ってしまうのです。

人生が神秘やワンネス、また意識や何でもないということは、何も存在しないということと同じではありません。ぼんやりとした殺風景で空っぽな状態を指し示しているのではないのです。実際のところ、それとはまったく正反対です。

生まれたばかりの赤ちゃんに、気づきや意識があるかどうかを尋ねてみてください。世界が存在するかと聞いてみてください。気づきや意識、世界というのは、子宮を出た後に社会によって時間をかけて教え込まれたレッテルに過ぎないのです。生まれたての赤ん坊にとって、物事も定義された形（椅子、机など）もレッテルも気づきも体も思いも、そして世界もありません。

しかしだからといって、物事が何も存在しないということではありません。赤ちゃんが気づきや意識、他の様々な人生についての考えを持っていないからといって、心がぽっかりしてわびしい気持ちになっているようには私には見えません。

赤ん坊は生命そのものであり、鼓動し、生き生きとして繊細、そして周囲によく気づいていて、反応力も高いです。そういった状態のどこにもニヒリズムは感じられません。

観念というのは、人生が何であるかを伝えません。それは人生に焦点を当てることすらしません。観念は物事を区別する抽象概念や比較に焦点を当て、常に人生を生き生きとした活動から活気のない偽りの印象に変え、一つの間違った捉え方からまた別の間違ったものへと表現しているだけです。

このように、私たちは常に何かを理解したという気持ちになっています。他の形や物事と対比し、これはこの形、これはこういうものというように。

しかし、この生き生きとした活動の一部分を「気づき」とし、別の部分を「気づきの対象」と呼ぶことは、基本的に何が起きているのかをまったく説明していません。その代わりに、そこで起きていることは、区別して理解できるものだという誤った印象を与えてしまいます。

あなたが生まれて一時間しか経っていないとき、あなたは何も考えていません。あなたは世界を経験している気づきそのものです。幼児の発達に関する調査によると、思考が形成されるには七年はかかるということです。

もしかするとあなたは、私が究極的には人生とは神秘的なものだと言っていると思うかもしれません。しかしそうではありません。人生とか神秘というのも、またさらなるレッテルに過ぎません。私にとって人生とは、さらに新しいレッテルをつけ加えることではありません。また一つの思いを定義することでもありません。私にとっての人生とは、思考の限界を見抜き、思考への執着を落とすことです。

質問者：もし、思考に焦点を当てることをやめたら、何が残るのでしょうか？

ダリル：動き、それ自体の表現です。それしかありません。

質問者：動き……

ダリル：はい。人生とは動きが動くこと自体で完結させているものです。知覚や思考が動きの作った形（現象）に表現を加えますが、同時にその表現された現象は、単に表現であって現実とは言えません。もし、あなたがどの形であれ観察してみると、いつも必ずそれは変化しているということが分かるでしょう。つまり、特定の形とはまったく言えません。それは動きであり、動きの過程であり、活動なのです。

観察すれば、世界に対する知覚や思考は、それらが作り上げたストーリーや様相にそむくものであって、真実ではあり得ないと分かります。すべての人の人生における経験は、知覚よりも動きのほうがより真実であると示していることが見えます。

徹底した観察は、あらゆるすべてのものは変化しているということを明らかにします。そして最終的に、形があるという印象は、特に決まった形などないという感覚に変わっていきます。

この活動や動きは、名前を持つことに依存しません。誕生したばかりのとき、私たちは何のレッテルも持っていませんが、それでも生命の動きは自動的に機能しています。私たちが体や活動と呼ぶものは、実に驚異的で活力に満ちて自動的に機能しているのです。

赤ん坊というのは頭がひょいと動いたり、手足がばたついたり、泣いたり、お母さんのお乳をもらったりして、やがては這い回ります。赤ちゃんがこれらの動きを計画したわけではありません。じっくり考えてこういった動きをしているのでもありません。神秘的で自発的な機能や動きが勝手に起きているだけです。誕生のときにはこういった動きがあっただけで、そして今もこの動きがあるだけです。

もし人々が雲の中に現れる形は固定した世界であると説得しようとしたら、きっとあなたは、それは真実ではないと言うでしょう。なぜなら、これらの形は明らかに流れ去っていき、そこに形などないからです。単にそこにあるかのように見えるだけです。私がここで指し示しているのは、すべての存在に関して同じことが言えるということです。

山は確かに雲よりも固定感があるでしょう。しかし、雲のように山もまったく同じ形を保つということはないのです。岩のほうが霧よりも重量感があるといったようなことに私は関心がありません。大切なことは、両方とも形を持たないということです。どちらも常に変化していて、最終的には消えていきます。

存在は形を持たないのです。ですから、特定して理解するというのは不可能なことです。

これは心に留めておくべき大切なことだと思います。なぜなら心の中の葛藤を終わらせるために、多くの人が存在に対する理解を増やして、定義づけをすることに囚われているからです。ある程度まで知覚は役に立つかもしれませんが、究極的には形が存在しないのに、形に集中するということは錯覚に過ぎないのです。

動いているものに対して特定のある形を定義づけようとする試みは、欲求不満で終わるでしょう。生命とは常にこういった定義づけされた境界線を超えるものであるのに、それは生命を精神的にも物理的にも静止させる試みだからです。この試みは生命の動きへの抵抗であり、心の葛藤を終わりにすることはできません。

強迫観念的に形について考えることばかりに集中すると、欲求不満な行為になり、形以外の何かに気づくことは不可能になります。

質問者：形以外の何かとは？

ダリル：このすべての定義できない動きのことです。ところで、私たちがこの動きを統治しているという証拠はどこにもありません。なぜなら、私たちがこの動きを創造しているのではないからです。常に変化して、絶え間なくある私たちの欲求や興味、衝動、能力、傾向、そして可能性なども、私たちが自分自身で生み出しているものではありません。

雲の中に現れる幻の形が雲の動きを決めていないように、この世界にある幻の形も、世界の動きを決定しているわけではないのです。

質問者：でも、それはまた別の思考ですね。

ダリル：はい。ですので自由の最も深遠な部分は語ることができないと言っているのです。知覚や思考ができる最大のことは、それらが矛盾しているのを露呈することだけです。思考は、実は経験を説明することなどできないのだということを認識します。経験という観念さえ的外れですから、説明は不可能です。

そういった認識が出てきたとき、知覚と思考に頼ろうとする強迫観念的な思いが抜け落ちます。それでも、私たちが知覚や思考と呼ぶ行為自体は現れ続けます。しかし、どんな方法をとっても知覚や思考もただ起きているだけで、説明することはできないのです。

質問者：どうしたらそこに辿《たど》り着けますか？

ダリル：辿り着く必要はありません。私たちは一度もそこから離れたことはないのです。私たちは、「それ」なんです。私たちがしなければならないことは、それに目覚めることだけです。実際のところ、目覚める必要のある人というのが存在しませんし、好むか好まざるかに関係なく、人生はその方向へ展開するかもしれません。

どうしたらそこに辿り着けますかと尋ねるということは、あなたは私たちが体の中に意識を持っている存在で、人生に影響を与えることができ、そしてなぜか取り戻さないといけない何かを失ったとか、または私たちは一なるすべてであるものや、自分たちの真の可能性から切り離されているといったことを仮定しているのでしょう。しかし、それらはすべて目に見える現象に基づいた幻想です。

存在とは、動きです。私たちが何であれ、私たちが今何をしているのであれ、説明不可能な動きが勝手に起きています。何かを付け加えることもなければ、何かを奪われることもないのです。

私が摩訶不思議《まかふしぎ》な動きや移り変わりと言うとき、私たちが会得したり、熟考したり、辿り着くべき何かを指しているのではありません。すでにそうである、あるがままの今の状態を話しているだけです。

お金持ちになりたいとか有名になりたいと言う人々は、そういった見える形によって単に動機づけられているだけなのです。

質問者：しかし、人生は人や物事や出来事に影響を受けています。

ダリル：そういうふうに見えるだけで、もし私たちがこれらの人や物事や出来事をよく観察すれば、それらはその本来の性質に従って、そのようになるしかないことが分かるでしょう。そして私たちは、影響を受けるということではなく、私たちの本来の性質によって、それらに反応せざるを得ないのです。

すべては常に変化しています。たいていはとても微妙に、しかしときには革新的に。私たちはある一つの反応の形に、はまっているわけではありません。次にどう物事が起きるかは、究極的には予測不可能です。一般的でありがちなパターンというものもありますが、それでもまったく同じことが、同じように起きることは決してありません。

生まれたての赤ちゃんにとっては、この神秘的に起きている出来事に対して意識的な努力や理解を持つ必要はありません。それは大人でも同じなのです。何かをしているあなたというのは存在していなかったし、今もいません。

質問者：そんな感覚で人は生きていけるのでしょうか？

ダリル：はい、大丈夫です。まさに今の生きているままで良いのです。何かをしたり、見たり、聞いたり、触ったり、味わったり、匂いをかいだり、考えたりしている人は存在しません。それでもそれらは自動的に起こっています。実際のところ、見たり、聞いたり、触ったり、味わったり、匂いをかいだり、考えたりということも存在しません。それらは後からつけたレッテルであって、区別したり、形として捉える誤った概念です。

私たちが生物学と呼ぶもの、つまり神経や腺、脳、心臓といったものは、自動的に機能しています。それらは各々その機能を完結しています。あなたの心臓は、「私はどう鼓動を打つべきですか？」と尋ねたりしません。それは単純に動いているのです。

しかし、あなたは心臓と自分は違う、自分には自覚があって、心臓には意識はないと言うかもしれません。私が言っているのは、誰も自覚とか自意識を持っていないということです。存在することを知っている自己がいて、その存在の動きを決めているというのは、思考の錯覚です。それは「自己妄想」です。

もし、あなたがただ座り、まったく何の努力もしなくても、人生は起き続けます。永遠に変化し続けるプロセスとしてのあなたは、ただ機能し続けるのです。心臓は鼓動を打ち続け、肺は呼吸を続け、感情は変わり続けます。思考や衝動も現れては消え、次の思考や衝動が現れたり、または現れなかったり、こういったダイナミズムが、ただ起きているのです。

そのうち、あなたは立ち上がったり、トイレに行ったり、食べたり、寝たり、仕事したり、他の人たちと関わったりするでしょう。あなたは自分にとって正しい、納得できると感じるままに世界と関わります。

私が自分にとって「正しい感じがする」、「納得できる感じがする」と言うとき、単に知性レベルの話をしているのではありません。感情的、身体的、精神的、心理的な面のすべてを含んでいます。あなたはあなただけしかできない仕方で行動しています。それをやめたり、導くことができるあなたというのは存在しません。このただ神秘的に起きていることが、あなたのすべてであり、真のあなたなのです。

私たちは言葉にしようがないぐらい常にダイナミックであって、そして誰一人、何もかもこのダイナミズムから分離していません。

質問者：自由意志はどうなのでしょうか？

ダリル：そういう概念も意味がありません。自己、世界、何かすること、存在すること、過去、現在、未来、道、ゴール、無知、悟り、自由意志、運命、これらの概念は、このあるがままに起きていることに当てはめられません。これらの概念は形があるという前提で作られたものです。しかし、私たちは固定した形というものを見つけることはできないのです。

質問者：でも、私たちは思考なしには生きていけません。

ダリル：はい、そうです。思考を捨てる必要はありません。しかし、思考の錯覚を信じることはやめられるかもしれません。

地図はときにはとても役立つものです。しかし、地図に描かれた場所を実際の土地だとは思わないでしょう。休暇旅行に行くとき、床に地図を広げてその上に座っても、旅行したことにはなりません。

思考も役に立つものですが、思考が作り上げるストーリーに焦点を当て、そのストーリーが何か現実を説明していると信じることは、地図の上に座ればどこかに行けると考えるのとまったく同じことです。

質問者：では、この形のないただ起きていること、これは何なのですか？

ダリル：それを説明する術《すべ》はありません。

質問者：うーん、それでは、それは何をしているのですか？

ダリル：それも説明する術はありません。

質問者：説明できないということを受け入れるのは、私には難しいです。

ダリル：受け入れるかどうかという話でもありません。生命をあるがままに認識するかどうかということなんです。私たちが知ることのできるすべては、形になっているものの説明です。そしてそれらは、実際には形のないところに現れるものです。説明はときには役に立つでしょうが、最終的にはまったく意味のないものです。何についても真に正しく説明することはできません。

私たちが子宮から出たとき、(周りのすべてを指すジェスチャーをして)これがあっただけです。名前もついていなかったし、形あるものがあるという分かりやすい感覚もありませんでした。でも今、ものには名前があって、形があるという誤った印象を抱き、私たちはそれが現実だと思っています。

自由は、すべてを受け入れて自己を高めるということとは何の関係もありません。私たちは耳に分かりやすい話が好きなんです。その一つが、例えば自分は素晴らしいスピリチュアルなゴールを目指した旅の過程にいて、ゴールに到達するために少しずつ精神性を高めているというようなものです。しかし、道や目的、そして誰かが道を歩いているというのは間違いです。

生命を定義づけることはできないのです。

人はしばしば、純粋に世界を感覚のみで経験できれば、思考なしの純粋な理解に至ると考えたりもします。しかし、感覚、感知されるもの、そして純粋な理解というのもまた、ただの思考に過ぎません。

知ること、そして知りたい対象物、または観察者、そして観察されるものへの欲求があります。しかし、これらは形があり、分離があるという間違った考え方なのです。あるのは（周りのすべてを指すジェスチャーをして）、ただこれだけ。形のない空《くう》、言葉のない空です。

質問者：でも、それがどうやって分かるのですか？

ダリル：思考で理解するものではないのです。あるがままに認識してください。思考の世界というのは、最終的にはどの説明も何に対しても当てはまらないことに気づくことでしょう。説明は単純にその人の認知であり、たくさんの矛盾した思考です。

そして幻想自体がストーリーは真実ではあり得ないと気づき、ファンタジーを理解しようとする強迫観念的な思いも落ちていくでしょう。

質問者：どうしたら、定義できない動きを見ることができますか？

ダリル：座って、何かをするためのすべての努力を断念すれば、つまり考えたり行動しようと努力しなければ、それは明らかになるでしょう。私たちである動き、存在であるより大きな動きは、単にそれ自体として現れるでしょう。それはまったく明白です。

体の感覚、思い、感情、興味、衝動、思考活動などは、意識的な努力なしに、また主体性なしに自動的に起きてきます。意識的な努力や主体性さえも努力なしに現れてきます。

私たちが観察できるすべてのものは、変化し続けています。もしすべての形あるものが変化し続けているのであれば、存在はある特定の形を持たないということも明白になってきます。

質問者：どうして私たちは分離していると考え、そう行動しているのでしょうか？

ダリル：それに対しても説明はできません。ほとんどの人は、単純に分離しているという間違った視点をきちんと調べてみることにさえ興味を持っていません。ある人はそれがとても重要だと思いますが、ある人はまったくそう見ません。分離もなければ、分離していると考える人も、分離した行動というもののもないのです。

質問者：集中力というのはどうですか？

ダリル：集中力？

質問者：はい、集中力を養うことは、どれぐらい重要でしょうか？

ダリル：もしそれがあなたにとって重要であれば重要ですし、そうでなければ重要ではありません。何のために集中力を養う必要があるのでしょうか？

質問者：つまり、スピリチュアルな目覚めにとってということですが……

ダリル：目覚めというものもありません。

質問者：目覚めがない？

ダリル：はい。説明は今ここに起きていることに当てはまらないのです。スピリチュアルな目覚めという説明にさえもです。それは概念に過ぎません。

質問者：しかし、目覚めを知るには……

ダリル：いいえ、説明は当てはまらないと知ることが、説明を信じるということへの終止符になります。説明は必要ないのです。

説明が当てはまらないという言葉でさえ何も説明していません。思考はその限界を簡単に認識するはずです。

例えば、夢は自ずと解体されるものです。でも、それもあるがままの真実を語っていません。説明することができるという信念が終われば、存在を説明しようとするどの試みもやみます。目覚めの説明でさえも退けられます。すると、あるがままの真実が現れることでしょう。

私たちは常に物事を個人的なもの、歴史的なもの、心理的なもの、科学的なもの、哲学的なもの、スピリチュアルなものなどにしています。これらのすべてのストーリーは間違いです。

質問者：では、この対話も馬鹿げたことですね。

ダリル：私なら馬鹿げたとは言わないでしょう。ただ、それが起きているんです。ここで何が起きているかを説明する術はありません。二人の人間が会話をしていると言っても良いですが、それも間違いです。真実の説明をする術などないのです。

質問者：ではそれなら、スピリチュアルな目覚めのために集中力を養うというのはどうなんでしょうか？

ダリル：いわゆる目覚めのためにあなたが何かを実践する必要があるという考えは、あなたが世界をコントロールしているというファンタジーに基づいています。

しかし、形についてのあらゆるストーリーが間違いなので、いわゆる目覚めが起きるためにはファンタジーを信じてはなりません。

説明が当てはまらないということを発見するために、高度な集中力は必要ないのです。ただ、それを探求してみようという興味があれば良いだけです。

生命がそれぞれの形に分離されていて、あなた自身も形であり、統合や完結、全体性を経験するために他の形を操作する必要があるという一般的な印象があります。でも、これがすべてファンタジーなのです。

目覚めや悟りを得るために自分自身を高めなければいけないということを、まず考えてみましょう。しかし、もし形あるもののストーリーとは正しいものではないと見抜けたら、そこには道やゴール、目覚めや悟り、そしてあなたや私、世界、誕生や死もありません。これらのすべては皆、ファンタジーの中、説明の世界に存在しているだけです。

質問者：しかし、そのような観察もまた説明ですよね。

ダリル：はい、観察も認知の世界であり、説明です。そこでは思考が己の妄想を示しているに過ぎません。それが本当に明白になれば、あなたはこの妄想への強迫観念的な集中を手放すことができます。

この瞬間は神秘的であり、活気があり、輝く生命の表現です。この表現に主体はなく、それ自体で達成されています。見ることが自ずと起こり、聞くことが自ずと起こり、感触が自ずと起こっているのです。思考はただ湧きあがり、心臓は鼓動を打ち、髪は伸びて、食べ物は消化されます。太陽は昇り、惑星は回転し、あらゆる感覚は湧いては消えます。これらのすべてが自動的に起きています。

これらの動きは私たちのすべての経験の基礎であって、主体はそこにありません。また、これらをやめることもできません。そして、すべてが特定の形を持ちません。

この生命のダイナミズムを起こすために、努力は必要ありません。誰もこのために働く必要はないのです。すべてはもうすでにここに起きています。これから分離できるものは何もありません。失われるものもなければ、得るものもありません。

(彼の周りのすべてを指すジェスチャーをして)これだけがあるのです。そして、これは形を持ちません。

この神秘的で形のない現象から形という概念が生まれ、ストーリーが始まります。そして私たちの意識は、絶え間ない動きだけで形がないという事実よりも、形という幻想のほうへ向けられます。

幻想は言います。「私は個という形あるもので、生命において他の形と分離していて、何か大切なものを失った存在だ。全体性、真実、完結性、完全性を失ってしまった。だから幸せを探さなくてはいけない。世界を操作しなくてはいけない。そして、これら失ったものや欠けているものを再び得るために自分を高め、清めて、統合、完結、悟りという不透明な未来のゴールを遂行しなければいけない」

しかし、これらすべてがファンタジーです。目に見える雲の形が真実でないように、また形を持たないという雲の性質のように、目に見えて形があるような存在は真実ではないのです。

分離した個人が人生を生きていると定義づけられるような、固定した形はありません。何かを失ったとか、何かを間違ってしまったとか、全体性や真実から分離してしまったというようなことはないのです。

ストーリーの中では、実際には存在しない形を中心に、個人が物理的な世界を時間をかけて旅をし、家族、友達、親、先生、雇用者、スピリチュアル・ティーチャーなどとの出会いがあるかのように見えます。

個人が世界と呼ばれるものの中で何かをしているという誤った理解に焦点が当てられます。そのため、分離、疎外、不満といった感覚が、統合や成就への衝動とともに出てきます。

しかし、これには避けられない欲求不満が起こります。なぜなら、このファンタジーの個人は、決して分離、疎外、不満といった感覚を乗り越えることができないからです。ファンタジーの個人がこれらの感情を生み出しているのです。

この素晴らしい定義づけもできない現象を認識する代わりに、私たちは分離を夢想し、必死に統合や完結性を求めます。

ですから、ファンタジーの個人は全体への欲求を追及します。恋愛、お金、権力、教育、心理学、セラピー、宗教、スピリチュアリティ、ヨガのテクニック、瞑想のテクニック、洞察、理解などです。

しかし、これらのどれも決して完結した感覚をもたらしてはくれません。なぜなら、ファンタジーの個人が全体性を理解していくことで、分離感や欠乏感を取り除くことはできないからです。このファンタジーが、分離感や欠乏感なのです。

おそらくある時点で、私たちは現象や自分が主体であるという考えに対して、疑問を抱き始めるでしょう。自分が主体で人生を生きているという物語は、真剣な考察に対して立ち向かえません。そういったファンタジーは、自然と解体されていくでしょう。

生命とはいかなるメッセージも持たないものです。私たちが抱くような偉大な神秘を知るというロマンチックな状態ではなく、代わりに思考は完全にバラバラになり、完結さと、そして完全な困惑だけが残ります。

知ろう、何かしようという努力は止まりますが、驚くことに存在はあり続けます。あらゆることは、自分で押し付けた努力や理解などなしに進んでいきます。

知覚、思考、意識的な努力というものはまだ起きてきます。しかし、定義できない動きそのものが自然に起きているということは明白です。

この不可思議な動きは、どんな欠落や分断された感覚も持ち合わせていません。

たった今、もしあなたが何の努力もしなければ、この瞬間に起きていることだけがあります。体、心、意識、思考、感覚、感情、興味、衝動、素質、能力など、すべてはただ起きているだけです。

この今起きていることを定義づけるために思索する必要は特にありません。すべてのプロセスが自ずとオーケストラを奏でているのです。

これを認識することで、個人的な苦悩、つまり苦しみや探求、また行動したり、失敗したり、何かを失っている「あなた」が、充足、真実、統合、完結、満足へ移行していくというファンタジーへ気を向ける必要がなくなります。到達や優越の物語という自己誇張もなくなります。

単純にこの不可思議なプロセスが勝手に起きているだけなのです。

質問者：それは感情がないという状態ですか？

ダリル：いいえ。「あなた」、つまり体、心、思考、感情、興味、愛、関心、衝動、努力、行動、これらはすべて起こり続けます。ただ、これらに対して自分であるという思い込みがなくなります。あなたが何かをしている、何かを失っているという思いを持つ必要性がなくなるのです。

単純にこの不可思議で、輝き息づいた出来事があるだけです。奇跡の顕現、終わりのないエキゾチックなパレードです。一生を通して、私たちはいつも所有者として自分を考えてきました。「これは私の人生、私の体、私の妻、私の夫、私の思考、私の感情、私の行動、私のスピリチュアルジャーニー、私の洞察」などというふうにいつも考えているのです。

「私」は今これだけの時間があって、「私」は「私の」意志を「私の」人生にとって有効になるよう選択していかなければなりません。それが「私の」成功と「私の」失敗につながります。

でも、所有者は存在しません。もし、私たちが起きていること、すなわち人生を考察してみれば、あらゆることが起きているというのは明白ですが、そこに所有者はいないのです。また、何か所有できるような確かなものもありません。

質問者：あなたは私が抱いている、すべての思い込みを信じるのをやめなさいと言っているのでしょうか？

ダリル：いいえ。私はあなたに何かをして欲しいとは思っていません。単純に、私の見方を提供しているだけです。

ですが、もしあなたが現実に対する自分の思い込みを考察することに興味があれば、あなたが抱く思い込みは最終的には、人類が抱いてきたすべての考えとともに捨て去られることになるでしょう。なぜなら、それらの考えは誰も見つけることができない、実際には存在しない形に基づいているからです。形は動きなのです。

すべての見方は相対的な観点だから、どの見方も相対的に正しいという人もいます。しかし、そういうわけではありません。すべての見方は、実際には捉えることのできない形に基づいているので、どの見方も当てはまらないのです。

この何かは、そういったすべての説明を受けつけない、ただ「起きている」ということです。努力とか理解などをまったく必要としない躍動です。

現実は形やレッテルの中には見つけられません。存在を何か説明しているかのように聞こえるかもしれませんが、していないんです。それはすべての解釈、説明を解体するものです。

説明はときには役立つものですが、それは今ここに起きていることに対しての歪曲した印象を与えるだけです。

質問者：あなたの言うことのすべては正しいだろうと思います。でも、ちょっと混乱してきました。同時に、理解することが不可能だということも分かります。自由を得るために、理解したい気持ちが自分にあるのが分かります。理解など存在しないと分かっていても、まるで心がこっそり忍び込んでくる感じです。

ダリル：はい、それが妄想のパワーです。理解というのはファンタジーだと分かっているのに、そこに執着したがるのです。それは、自然なことです。なのでそれと戦わないことを提案します。そのことに焦点を当てる必要はありません。理解が不可能だという感覚を得るだけで充分です。あなたにとってそれが意味を成すなら、ファンタジーの解体は自然と起きるでしょう。

まず、私がここで提供している話に耳を傾ける以上のことは必要ありません。私の話もすでにファンタジーですから、それも解体されるでしょう。

このへんで一度休憩しましょう。もしあなた方がまだ興味があるようでしたら、また明日この話題を取り上げましょう。

とりあえず、これまでの話は横に置いて、

リラックスし、
散歩にでも出かけて、
何かを食べて、
何でも適当なことをしてください。

ダイアローグ　2

ダリル：お早うございます。

参加者：お早うございます。

ダリル：今どんな気分ですか？

質問者：私は少し混乱しています。

ダリル：それは自然なことです。この調査にとって大切な要素は、それをシンプルなものにしておくことです。私たちは普段から複雑な話をすることにはまりすぎているので、基本に戻ることが難しいのです。難しく考えないことです。

最も基礎的な知覚のレベルで、生命に対する間違った仮定があります。この誤った仮定が、多大な心の苦悩をもたらします。

私がどれだけ話をしたとしても、自分の経験として見えてこない限り、あなたにとっては何の価値もありません。では、見ていきましょうか。

自分が存在しているという経験は、誰にとっても今起きていることでしか捉えられません。あなたが誰なのかということは問題ではなく、この瞬間が、あなたが生命を感じているすべてなのです。たとえ、あなたが過去を思い出していようが、未来を想像していようが、それも今起きています。今起きていることがすべてなのです。

すべての人に存在しているという感覚があります。つまり、何かが今ここにあり、何かが今存在していて、何かが今起きているという感覚です。

この存在しているという感覚は、定期的になくなります。私たちが好きか嫌いかにかかわらず、毎日この存在している感覚は消えますね。私たちはそれを睡眠と呼んでいます。

眠りにつくと、やがて夢を見て、夢を見る状態から深い眠りへと移行します。深い眠りは最終的に目覚めに移行し、漠然と良い眠りだったか悪い眠りだったかという感覚が残ります。これらはすべてあなたの努力なしに起きます。実際、これを防ごうとしてもできません。

あなたの一番基本的な生きているという感覚は、絶え間ない動きです。起きる、夢を見る、眠る、起きる、夢を見る、眠る……。どの状態もいろいろな状態に移行しながら、そのサイクルを完結させます。

眠りの状態では、出来事への感覚も「存在している」感覚さえもありません。夢を見ている状態では、出来事は明白につかの間で消えていくものです。それを私たちは現実とは言いません。しかしながら、起きている状態では、出来事は実際の現実のように見えます。

しかし、もし私たちがこれらの眠り、夢、起きている状態に注意を向けることにしたら、見たり、聞いたり、触ったり、味わったり、嗅いだり、思考的な観察などのすべての出来事は常に変化しています。光景、音、感触、味、匂い、思考活動も絶え間なく変化しています。ある活動はゆっくりで、ある活動は速く……

それだけではなく、感覚そのものもシフトし続けています。見ること、聞くこと、触ること、味わうこと、嗅ぐこと、考えることなども、常にその優位性が入れ替わっています。気づきは決まった形を持たないのです。ある瞬間は見ることが優位で、次の瞬間には聞くこと、そして次の瞬間は考えることなど。

ときには、はっきりと集中している感覚があり、別のときには集中がさまよったり、ぼんやりして鈍くなったり、注意力が拡散したり、拡張したり、狭くなったり、一つに絞られたりします。またはオープンで受容的な感覚であったり、拒否や抵抗する感覚になるかもしれません。

すべて絶え間なくシフトし続けているのです。

これに加えて、感覚器官も変化し続けています。あなたが何者かにかかわらず、あなたの体のすべての部分が年を重ねたり、衰えたりと変化しています。私たちはその変化を寝室の鏡で見ることができますが、科学者は七年周期で体のすべての細胞が入れ替わると言っています。すべての細胞は死滅し、新しく入れ替わるのです。

あなたがキリスト教徒であろうと、あるいは仏教徒、ヒンズー教徒、ユダヤ教徒、イスラム教徒、または科学者、芸術家、ビジネスマン、哲学者であろうと、この変化するという事実は、あなたの究極的な経験です。

感覚器官や感覚、そして感知された対象物は、いずれも特定の形を持ちません。たとえ、あなたがそのことに今まで注意を払ってこなかったとしても、真剣に調査してみれば、それは明白なことです。

私たちが思いや感情、体、天候、家、山、惑星や銀河系など、何について話しているかにかかわらず、すべては常に変化しています。

そして、存在するすべてはただ変化しているのではなく、絶え間なく変化しているのです。ゆっくり変化するもの、例えば家、山、太陽などは何百年間ずっと同じ状態だったのが、突然一晩で変化するというわけではありません。それらはこの瞬間もシフトし続け、目に見えてその微妙な変化が分かるわけではありませんが、わずかながらも変化しているという印象があるはずです。

それらは流れ続けているのです。とてもゆっくりと。

もう少し速い動き、例えば意識の流れなどは、たくさんの独立した思考が湧いてきては、通り過ぎていきます。しかし、その中の一つの思考をやめて、純粋に観察してみてください。そこに定まった固体を見つけることはできません。煙のような意識の流れがあるだけです。この流れは、眺めようとしても消えてしまいます。

それぞれ独立した思考があるように感じますが、あるのは絶え間ない流れだけです。

渦をまく煙を見て、その動きの中にある一つの特定の模様を見つけようとしても、次の瞬間には模様はすでに変化しています。変化の中に特定の物体がないのは明白です。あるのは、次々と流れて変化していく模様だけです。

煙と比べると山などは、少々分かりにくいかもしれません。しかし、山も変化しているのです。山がゆっくりと変化するからといって、煙よりも固体的であるということにはなりません。山は丘に変化し、いつかは消えていきます。逆に驚くことは、この物事の変化、流れという事実をすべての人が経験しているのに、その重要性が見えていないことです。

私たちは自分の振る舞いや健康、人間関係、仕事、経済、教育システム、政府などに永遠に不平を言い続けています。それはある期間、それらが自分にとって楽しくない形で変化しているという事実に基づいているのです。

私たちは物理的な現象、精神的な現象、感情的な現象、状況や構造として現れる現象、短期的に現れる現象、人間関係としての現象といった幻想にしがみつきます。しかし、それらは常に変化し、それに対して私たちは不平を抱きます。

どんなに健康や気分、心の状態、振る舞い、人間関係、そして理解したことや仕事といったものなどにしがみつきたくとも、それらは変化します。なぜなら、存在するものはすべて、特定の形を持たないからです。

ここに生きることへの基本的な苦しみがあります。私たちは安定した状態というものがあると信じているからです。しかし、実際は変化を止めることはできず、予想のつかない動きがあるだけです。

こういった精神的、肉体的、感情的、そして状況や構造、人間関係や短期的な現象など何であれ、それらを説明したとしても、本質的にすべて幻想です。

形がないものに対して、形をつけようと試みているのです。

存在するもののうち、あるものは速く、あるものはゆっくりと異なるペースで変化していきます。あるものは比較的固くて安定しているように見えるので、それらをあたかも存在している独立した固体として識別するのは便利でしょう。

煙の中に見える模様を名づけて識別することは重要ではありませんが、最終的には煙のように渦を巻いて消えていくにしても、塩入のビン、人、車、山といったものを認識することは生活する上では役に立ちます。

また、動きの中に見られる周期を識別することもメリットはあるでしょう。例えば、人生の上向き、下向きといったリズムなど。人生が下向きになっていっても、また変化し、ある時点で上向きのリズムがまたくると分かっていれば、心配し過ぎることもありません。

質問者：しかし、あらゆる形や現象を説明しようとすることは、実際には間違いですよね。なぜなら、それらは絶え間なく変化していますから。私たちがしがみつくすべてのものは、最終的に心の摩擦を生みます。なぜなら、変化は私たちのコントロールを超えたものですから。

ダリル：はい、その通りです。さらに大切なことは、この変化を動かしている人は誰もいないということです。自動的に起きるとも言えます。なぜなら、ただシンプルに起きているからです。

誰も起こしていないし、誰も止めることはできません。

存在とは、形のない流れです。しかし、その流れがあらゆるものの誕生と死という形で誤って認識されます。思考、気分、興味、衝動、理解、肉体、活動、人間関係、仕事、季節、惑星、銀河系など、これらの現象は実際には存在しておらず、それは流れゆく水の中に浮かぶ波紋のようなものです。

すべては移り変わると言えるのですが、それは本当は正確ではありません。なぜなら、変化できる現象など初めから存在していないからです。それは、今までもいつも形のないものです。

季節の移り変わり、降雨、花々の成長といった自然の現象もただ起きています。肉体の移り変わり、精神的な変化、行動の変化もただ起きます。すべてがただ起きていて、移り変わるようにも見えますが、実在ではないのです。

経験されているすべてのことは、不可思議で形のない活動です。それらがどんな性質を持っているかといったことは、真に説明することはできません。なぜなら、性質を説明するには、それが形として存在していないといけないからです。ここで私が使っている流れ、動きといった言葉も何の存在も説明していません。形がないものを指しているだけです。

存在はどんな形も持ちません。ですから太陽も、月も、星も、人も、体も、思いも、始まりも、終わりも、来ることも、去ることも、この世、あの世といったものもありません。塊でもなく、液体でもなく、ガスでもなく、熱い、冷たい、物質、エネルギー、スペースがある、スペースがないということもありません。それは意識でもありません。

科学者は永遠に何が宇宙を構成しているのかを探し続けるでしょう。しかし、彼らが見つけられるのは変化の過程、つまりプロセスだけです。現在、量子物理学が物体は存在しておらず、あるのはプロセスだけであると言っています。物体は一定の形や状態を決して持たないので、真に説明することはできないのです。

私たちは「自身」のことを体と心であると捉えています。しかし、もっと正確には、動きとして観察されるものです。心も体も大幅に、またはとても微妙に常に変化しています。たとえ私たちが何の努力をしなかったとしても、思考活動は続き、体も移行を続けます。すべては年を重ねます。それは動きなのです。

私たちはいろいろなことがあたかも実在し、お互いに影響を与え合っているというふうに考えます。原因と結果があり、一つのことが何か他のことを引き起こしたり、あることが別の何かの影響を受けることなどです。

しかし、それはまるで川の水面だけを見ているようなものです。水面の波紋がお互いに影響し合っていると信じることと同じです。分離した波紋というものはないのです。水という分離のない全体が動いたり、シフトしたりしているだけです。

このように考えると、ある人は自分は自然の動きに翻弄《ほんろう》されているという印象を持つかもしれません。しかし、そういうことではありません。波紋は水によって翻弄されてできたのではなく、水の動きそのものです。

波紋の一つだけを掴《つか》もうとしてみてください。水が動いているだけですね。人生の何かでも捉えようとしてみてください。やはり、孤立したこれという一つの出来事は見出せず、出来事の流れがあるだけのはずです。

人生の変化は、過去から現在、そして未来へとつながっているのでもありません。過去はある出来事があったという考えであり、現在は異なる出来事が存在しているという考え、そして未来は別の出来事があるときに存在するだろうという考えです。

しかし、存在のダンスは決して形を持ちません。形があるかのように見えるだけです。この見せかけの現れ方が、過去が現在に、現在が未来へと変化しているような印象を与えます。時間の変化はなく、この不可思議な形のないものだけがあるのです。

それは、生命には何も構成要素がないと言っているのではありません。その現れには形がないと言っているのです。形というのは抽象的で、実体はありません。

私たちは幻想の形である自分、世界、物体、自由意志、決心、時間、空間、論理、原因、結果、個人の思い込み、目的、抑圧、恐れ、防衛、メカニズム、洞察、理解などを持っています。ですが、これらのどれも実際には存在していません。これらの形の説明はすべて間違いであり、私たちが経験していることに当てはまりません。

質問者：しかし、私たちのほとんどは、自分はものであふれる世界にいるとか、他のものと分離した何らかの存在物だと信じています。私たちは自分で人生を操作したり、周囲の世界に影響を与えたりでき、生まれて死に、育てられ方の良し悪しで刷り込みがされて、本当の可能性に到達していなくて、努力によってより良くなる必要があって、そして決して自分のことを十分に良いと思えないけど、でも将来のいつかはそう思えるだろうと信じている存在です。

ダリル：その通りです。もし人がそれらのストーリーを信じたら、またもし人がその間違った考えが真実であると信じると、大量の精神的苦悩も一緒についてくるでしょう。しかし、もし具体的な形はないという気づきが起きれば、物事が変化する過程、これらの出来事や人という形は究極的には何も意味を持たないと分かるのです。

思考は実際には形がないのに形を説明し、表現します。思考が役に立つときはツールとして使えるかもしれませんが、役に立たないときは無視すると良いでしょう。思考は決して生命の動きを引き起こしたり、影響を与えたりなどしません。思考は生命の動きの中では小さな一部分にしか過ぎないのです。

思考はまったくもって何の真実も言い当てていません。ですから、私たちは強迫観念的に思考に集中したり、理解しようと悩む必要もないのです。

もし、人生について思考の言うことを信じたら、存在するということは、冷たくて疎外された世界の中で必死に物事を理解し、コントロールする小さな自分という非常な精神的苦悩が含まれてしまうでしょう。

あなたは苦悩のストーリーから逃れるために、絶え間なくどうしたら良いかを見極め、限りなく考え続け、いろいろなセラピストのもとへ行ったり、いろいろな修練をすることになるでしょう。しかし、これらのすべては単にストーリーと苦悩にとりつかれてしまっているだけなのです。

しかしながら、もしあなたがこれらのどのストーリーも真実ではないと気づけば、ストーリーへの強固な思い込みは落ちていきます。そして残るのは、努力も説明も一切いらない驚くほど不可思議な事象だけです。

今ここには、形もなく、説明もできない躍動して輝く表現があるだけです。

何も生まれておらず
何も死なず
何事も不完全ということはなく
何事も間違いということはなく
何事も満たされていないということはない

この不可思議な事象は、私たちが起こしているのではありません。私たちも他のすべても事象の現れの一つなのです。この瞬間に起きることが起きていて、次の瞬間に違った形になっていくのは避けられません。

これを説明することは不可能ですし、次に何が起きるかを知ることも不可能です。

質問者：それはどうすれば分かりますか？

ダリル：この瞬間を調査することです。

座って……呼吸したり、考えたり、聞いたり、感じたり、または観察したりする努力をせず……理解しようとか、どんな努力もせずにいてください。どのみち物事はすべて起きるのです。抵抗することなく、ただ調査することです。

あるのは、この不可思議で形のない事象です。

残りの人生のすべてを静かに座っている必要はありませんが、私たちが何もしない状態でいるとき、すべては自動的に起きていることが明白になります。

そして私たちが事象は形を持っているという誤った見方をやめたとき、存在には形がないということが明白になります。

誰も何かをしたり、説明したり、理解する必要はないのです。とにかく物事は起きます。呼吸は息をし続け、心臓は鼓動を続け、体の感覚はわさわさしたり、ふらふらしたりと何かしらが起き続け、思考は考えを続け、気分もいろいろと続き、食べたものは消化され、髪は伸びて、体は年を取っていきます。

ある時点で立ち上がったり、動き回ったり、食べたり、寝たり、トイレに行ったり、稼いだり、他者と関係したり。これは自動的な機能、つまり生命の表現です。動きが自らの表現を完結しているのです。

今朝起きた瞬間、あなたは一切の努力なしに進行の中にいます。目が覚めるということもあなたがしていることではありません、特有の欲求や興味を持つあなたは、自然とそう進められているのです。自分という感覚、要望、希望、後悔、衝動、努力といったすべてはもうそこにあります。

しかし、目が覚めるということも起きたことはないのです。気づきも、意識も、知るということも起きたことはありません。体も生まれたことがなく、誕生も、寝ることも、親も、子供も存在したことはなく、刷り込みや決心、間違いも起きたことがありません。地球も人類も起きたことはなく、これらすべてのストーリーは真実ではありません。

これらは、本来存在しない事象を説明したものです。

質問者：しかし、私には夫がいて、子供がいて、親がいて、友達や義務や仕事があります。それらは存在していないで済ますことはできません。私はそれらから立ち去ることなどできません。どうやって、その不可思議な事象として生きていけば良いのでしょうか？

ダリル：まったく問題ありません。どうしたら不可思議な事象になれるかと悩まなくて良いのです。あなたは状況が何であれ、すでに不可思議な事象そのものなのですから。

あなたが何をするかとか、考えるかにかかっているのではないのです。困難はあなたの特定の人生の状況や、ストーリーを抱えてしまうことの中にあるのではなく、それらのストーリー自体を信じてしまうことにあります。

雲の中に現れてくる形をもとに、あなたはストーリーを作ることができます。そしてそれらのストーリーを一日中話すこともできますが、でもそれが実際の世界を現しているとは決して思わないわけです。なぜなら、あきらかにそれは雲であって、特定の形を持たないからです。

もし、存在するものは形を持たないということが明白になってきたら、夫、妻、子どもたち、両親、仕事などに関してあなたが考えたとしても、問題ではありません。それらのことについてどれだけ考えることがあろうと、またはそれらの考えが役に立ったとしても、あなたはそれが人生を真の意味で表しているとは信じないでしょう。

様々なストーリーが自動的に勝手に現れてきます。しかし、それらは決して真実ではありません。このあるがままの何についても、知る方法というのはありません。私たちは「このあるがまま」ということさえ真には言えないのです。

質問者：そうであるなら、私は一体どう動けば良いのですか？

ダリル：悩む必要はありません。いかなる方法であれ、あなたは表現されます。どんな状況であろうとも、その特定の瞬間にただあなたらしくいてください。

その瞬間のあなたは、今まさにそれ自体が表現そのものなのです。それは自動的に出てくる要求、興味、衝動、概念、思考、理解、能力、活動などです。あなたはすでに表現であって、それをしているのではありません。それを避けたり、間違ったりするあなたもいません。不可思議な表現の川がここに流れているだけです。

どの瞬間でも、多方面へ引っ張る無数の衝動があるでしょう。しかし、ある最も高い一つの衝動が他の衝動より優先されます。

椅子に座り続けるのか、トイレに行くのか、キャリアを遂行していくのか、恋愛を追っかけるのか、混乱するのか、または妄想から目覚めるのか、それらは基本的にどうでも良いことです。これらのすべては、理解を超えた生命の動きなのです。

誰かがこのダイナミックな動きを起こしているとか、方向づけているとは決して言えません。なぜなら、経験されているすべては、このダイナミズムそのものだからです。

たった今何が起きているのかを知る方法など絶対的に不可能です。ですが、とにかく起きているのです。これに気づいたとき、ただただ不可思議さしかありません。それは終わりのない神秘、そして奇跡的な贈り物です。すべての生命も贈り物なのです。

これに気づけば、人生はいつも快適になると言っているのではありません。気づいても、まだ多くの痛みや困難はついて回ります。

もし、ストーリーばかりに焦点を当てることがなくなって、すべては定義できない川の流れのようだと気づいたとき、恐れや悲しみ、落ち込みを感じる期間があるかもしれません。

自尊心、個人的な人間関係、コントロールといった自分にとって大切なものをたくさん失うような感覚があるかもしれません。生きる意味がないと感じることもあるかもしれません。しかし、あなたは価値のある何も失ってはいません。失ったと思うすべてのものは、苦しみに関わる幻想です。

気づきのプロセスが進むにつれ、喪失感は驚きや不思議な感覚へと変わっていくでしょう。存在とは不思議な贈り物です。その驚異の中にあらゆる可能性が潜んでいます。人生を歩んでいるあなたもその中の一つであって、すべての生命は何の努力もなしに自ずと現れ出てくるのです。

自分の外の環境、そして環境に反応する自分の内側の気持ちもただ勝手に起きています。それは一つの不可思議な流れです。

あなたの周囲の人たちにとっては、あなたは単に普通の生活を送っているようにしか見えないでしょう。あるいは多少気楽に過ごしているように見えるかもしれません。しかし、すべての人間にあるように、あなたにもいろいろな性格や性質がそのままあるように見えます。ところが、あなたにとってはあなたは存在せず、他者も存在せず、死や他のこともないのです。欠如感や分断されているような感覚もなく、間違ったストーリーにしがみつくこともありません。

これはある意味、映画に集中していた意識を逸らすことと似ています。もし、あなたが劇場で他の多くの人と映画を見ているとして、皆スリルにあふれたストーリーや、いろいろな登場人物、誕生や死、喜びや悲しみ、不安や恐れ、感情の起伏などにすっかり呑み込まれています。あなたもストーリーによって引き出される、あらゆる感情を深く経験するでしょう。

しかし、もしあなたの意識がスクリーンから離れたら、それらのすべては消えていきます。その代わりに、壁に踊っている色を眺めている人でいっぱいの暗い部屋があります。映画はまだ終わっていませんが、あなたはもはやファンタジーの世界に集中していません。あなたはもう他の人が感じているようなファンタジーや感情に呑み込まれていません。映画のメロドラマよりも、部屋のほうが実在だという感覚があり、部屋はとても平和なのです。

映画はそのまま、あなたの努力なしに続き、ときどきあなたの注意を引くかもしれません。ファンタジーの世界がまた浮上してくるでしょう。動いている色はあなたの注意が逸れるまで、再び人や冒険、危機やトラウマにあふれた世界となります。

映画にまたはまってしまい、荒れ狂う感情を経験しても、あなたはもうそれほど真剣に捉えません。なぜなら、それは単に映画だからです。

それは形のない、脈動的で、輝いた存在のダンスに気づくことと同じです。もし、注意が思考や見せかけの現象から落ちて、すべてが起きているこの瞬間に移ってきたら、そこにはシンプルで形のない、説明のできない動きだけがあります。

思考が終わりになるということではありません。思考は光景や音、感触、匂いといった全体的な出来事の中の小さな部分として、自動的に現れ続けます。思考を含むこれらのすべては、自動的に起きている不思議な出来事、動きです。

思考は何の努力もなしに現れては消えていきます。そして、しばしばそれは何かに関心を寄せたりするでしょう。事象というファンタジーを判断して、ときには荒々しい感情を引き起こしたりもします。しかし、深いところでは、それらの現象が真実であることは不可能だと分かっているのです。それは、思考では捉えられません。

そのことを完全に認識することで、自分の注意が見せかけのストーリーへ向いて荒々しい感情が湧いてきても、それを本気にすることはなくなります。それはただのファンタジーです。

もし、思考が語るストーリーを真実なのだと信じてしまうと、どうしたって摩擦を生みます。なぜなら、ストーリーは現象の中でのみ機能し、そして現象は存在しないからです。思考は何も存在しないところにしゃしゃり出て、何も存在しないところで理解を押し付けようとします。この押し付けは、必ず欲求不満と摩擦を生むのです。

しかし、もしこの瞬間、誰も何もしていなくて、誰も説明することができないこの瞬間だけであれば、摩擦が生じることはあり得ません。

川岸で水が流れるのを横になって眺めているように、摩擦はまったく生じません。ときどき川は荒れ狂い、ときどき穏やかです。どんな状態であれ、川はただ川であるだけで、何も問題はないのです。

生命は解決したり、理解したりする問題ではなく、流れる川なのです。もし、何らかの理由で自分が生命から分離していて、自分が何かをしていると信じてしまったら、あなたには大変な量の精神的苦悩が生じるでしょう。

人々は一般的に、すべてのことは自然の法則によって動いていると信じています。惑星が自分で軌道を選んでいるとか、鳥が鳥という一生を選んだとか、または嵐が嵐を起こそうと決めたとか、熊は熊になることを決心したなどとは信じていません。

植物や石が、どう植物や石になるかという計画を立てているとも信じません。植物は植物としてどう機能すべきかを理解しようとしたり、石は自分が石らしいかなどと心配もしていません。私たちは石があるがままであることに罪悪感を抱いているという印象を持ったりしません。あらゆる存在物は、自然の法則によって動いていると私たちは信じています。すべては、宇宙の動きだと。

すべて。

ただし、私たちを除いて。

どういうわけか、私たちは自分たちが宇宙を動かしていると思っているのです。私たちが自分の人生を動かしていていると考えています。それはおかしくないですか？

質問者：おかしいと感じます。自分勝手な思い込みと言うか……。ここで、悟った人たちの話題に移りたいと思います。

ダリル：はい。しかし、それは明日にしませんか？　私は疲れてきました。今日はかなりのことを話したと思います。

質問者：はい、明日でけっこうです。

ダイアローグ　3

質問者：お早うございます。

ダリル：お早うございます。

質問者：続けましょうか？

ダリル：はい。

質問者：昨日話したように、悟った人たちについて知りたいのです。

ダリル：私の感覚の範囲では、悟った人たちというのは存在しません。思考がその限界にひとたび気づいたとき、どんな種類の存在に関しても描写しようとしなくなります。（彼の周りのすべてを指すジェスチャーをして）これだけです。何かを定義する興味がまったくないのです。

私の経験で言えば、人はいつも精神的な探求において、何か驚くほど稀なことを探しています。極度の集中力、霊能的な一瞥《いちべつ》、自分の内側や外側に見る光、エネルギーの解放、深いリラクゼーション、特殊な洞察、知恵、共感、悟りなどです。人はこういったものを追うことで、素晴らしい自由を得られると信じています。

こういうものは快適でしょうし、もし起こったら面白いだろうと思います。しかし、それらは自由とは何の関係もないのです。こういったものを追い求める人は誰でも、また次の何か特別な体験への憧れが残ってしまいます。なぜなら、こういったものは短命だからです。

特別な体験、すごい流れのエネルギー、ビジョン、洞察などといったものは、単に見せかけの現象の現れに過ぎません。その中に何も安定したものはないのです。形を持たない変化があるだけです。それを頭でも体でも把握することは不可能です。

思考には実在を説明することができないとひとたび気づいたら、単に機能的なツールとして必要なだけとなります。大工道具のハンマーのように。ハンマーはいろいろなことに使えますが、それに現実と呼ばれる何かを説明してくれとは尋ねないでしょう。なぜなら、できないからです。同じように思考もいろいろなことに使えますが、私は思考に現実と呼ばれる何かを説明してくれとは尋ねません。やはり、思考にもそれはできないからです。

思考はそれでもまだ起きます。でも、ファンタジーへの執着はもうありません。物事を理解したいという強い衝動はもうないからです。そして、何かが分かっているという感覚もありません。

私たちが生命を説明しようと試みようがしまいが、その動きには何の違いも生じません。ただ動き、そして変化しているだけです。川について何も理解しようとしなくても、私たちは一日中川岸に立っていられますし、川はただ流れ続けます。同じことが生命にも言えるのです。

そして、思考もその自動的に流れる動きの一つです。

質問者：（少し皮肉っぽく）悟った人たちには、ものすごく素晴らしいことがあるんですね。

ダリル：ごめんなさい。

質問者：いえいえ、いいんです。こういう考えに慣れつつあります。

ダリル：これに関して難しいことの一つは、何かゴールに到達したいという欲望です。ほとんどの人が、完全を感じるために何らかの理解に到達したり、何か特定のものを得る必要があると思っています。

私の経験では、全体であるという感覚は、何かを得るということでも、理解に至るということでもありません。あなたが雲を眺めているとき、あなたは雲を起こす必要はありません。また、雲が特定の何かである必要もなければ、現象の世界としてそれを理解する必要もないのです。雲は単に美しく、素晴らしい生命の表現です。ときには暗く、荒々しく、いつもたいていは大きくて、活気があります。私たちの人生のあらゆることもまさに同じことです。

今まで起きてきたすべてのことは、定義づけることができない不可思議な事象です。過去も今も、人の集団が起こしてきたのでは決してありません。

事象そのものが魅惑的であって、すべての物理的、精神的な出来事はただ起きているのです。変化し続けるこのプロセスが終わることは決してありません。

鳥や花を見てください。彼らはそのような様相、能力、取り巻く環境にあることや環境へ反応することに何か努力をしているでしょうか？ 彼らは単にあるがままです。自動的にいつも変化し、そしてそれはただ起きているだけなのです。これはすべての自然について言えます。なぜ、私たちだけが違う現象だと思うのでしょうか？

また、偉大なスピリチュアル・ティーチャーたちの人生を見てください。イエス・キリストは馬鹿にされ、拷問にかけられ、十字架に打ち付けられて死にました。仏陀はひどい背中の痛みや飢え、家族からの非難、暗殺計画などに耐え、そして最終的には嘔吐と下痢に長い間苦しんだ後に食中毒で亡くなりました。

どうして、自分の人生がいつも金色に輝いた出来事ばかりであることを望むのでしょうか？

すべては与えられているのです。しかし、それは多種多様な贈り物で、そのうちの半分しか私たちは欲しがりません。思考が何を望んでいるかはまったく関係ありません。川は欲求という渦巻きではなく、潮流に沿って流れるのです。

質問者：どうしたら与えられていると分かりますか？　もし、何かを与えられていて、自分がちゃんとそれを分からなかったら、あるいは私が間違った方向へ行ってしまったらどうしましょう？

ダリル：何が起きようと、それが与えられているものです。間違った方向へは行きようがないのです。なぜなら、あらゆる自分の状態や、それに対する反応もやはり与えられたものだからです。つまり、間違った方向そのものがあり得ません。あらゆる姿のあなたが、川の表現なのです。

私の経験では、快適なもの、楽しいもの、明確なもの、全体的なもの、優しいものだけが贈り物と考えるのは間違いだと思います。混乱や悲しみ、怒り、ばらばらな感覚、戦争、伝染病、飢饉など、そしてそれらに対してどう反応するかなどもすべて贈り物です。

長年の憧れ、探求、失敗、暗闇の中のでつまづき、それとともに明晰、平和、成功、光の中で生きた時期など、すべてが豊かな人生の贈り物です。

古い文献に、臨済だったと思いますが、朝になると、お腹の底からの大きな笑い声と戸を勢いよく開ける音がして、「あなたは今日私に何を与えるのですか?」という叫び声が村全体に響いたという記録があります。

彼のハートは、何が与えられようとオープンだったのです。すべては説明のつかない魅惑的なパレードで、通り過ぎていく現象です。楽しいものや、そうでないもの、しかし彼にはまったく恐れがありませんでした。なぜなら、それは彼自身の存在も含めて理解のできない出来事、神秘的で魔法のような瞬間だからです。

私たちはこの神秘的な出来事そのものなのです。何事も私たちを傷つけることはできません。虚構が現れる現象は、来ては去っていきます。私たちは苦しみ、死んでいきます。それは適切に見えたり、不適切に見えたり、成功や失敗に見えたりするでしょう。しかし、この形にならない出来事は、実際には現れたり去ったりしていません。シンプルにこれだけです。

質問者：誰が贈り物をしているのですか？

ダリル：与える人、贈り物、与えるという行為、実際にはどれも存在していません。知覚や思考がいろいろな方法でそれを捉えようとしますが、生命の出来事は説明できないのです。

知覚はいつも三つの基本の形を夢想しています。主体、客体、そしてその二つの関係です。

つまり自分、世界、そして自分と世界という考えです。把握する人、把握されるもの、そして把握するということ。与える人、贈り物、与えるという行為。これらのすべては、主体、客体、そしてその二つの関係という同じパターンを繰り返しているだけです。いずれもストーリーであり、ファンタジーに過ぎません。

この現象に対する基本的な幻想は、主語、目的語、動詞といった文法の中にも見られます。でも、これはすべての人が実際に経験していることに、実際には当てはまらないのです。

質問者：瞑想について質問しても良いですか？

ダリル：もちろんです。

質問者：瞑想とは何でしょうか？

ダリル：私の観点から言えば、瞑想とはこの瞬間のシンプルな現れの一つです。瞑想とは今という川の表現の一つ、ただ起きて、そして自ら完結しているものです。

それに気づくには、何かをすることや考えることというファンタジーに、脅迫的に焦点を置かないことが必要です。時間があるときには、何かをすることや考えることを脇においてください。何事も終わらせる必要はありません。

そして、この瞬間に起きているあらゆることに、ただ自分の注意を向けることを許してあげましょう。湧いてくる思考ばかりに焦点を置く必要はないのです。見ること、聞くこと、触ること、味わうこと、匂いを嗅ぐことなど、他の要素にもただ寄り添います。これらの言葉ではなく、実際に起きていることにです。

ひとたび、考えることやすることだけに向けられていた狭い焦点がなくなったとき、もっと広く、この瞬間の神秘的な現象が現れてくるでしょう。

考えることやすることばかりへの凝り固まった焦点では、人生の神秘的な瞬間に決して気づくことはできません。その代わりに、幻想や分離、複雑さ、そしてコントロールや衝突といったものに執着してしまいます。

瞑想においてのみ、本来ある全体性、単純さ、そして緩やかさに気づけます。それ以外で、この分離、疎外、紛争、苦闘、絶望から真に離れる状態はないでしょう。

私が瞑想と言うとき、瞑想のテクニックやある特別な姿勢のことを言っているのではありません。行為や知識というファンタジーから外れるためのたくさんのテクニックや姿勢があります。しかし、テクニックや姿勢は瞑想ではありません。

私たちが子宮から出てきたときには、人というものが人生を生き、理解していくという観念はまったくありません。存在は解釈なしにただ現れています。瞑想では、その虚構の現れに焦点を置く必要もありません。自発的に完結していく動きがあるだけです。その中に流れるストーリーは、その流れの一部分に過ぎません。

もしこの神秘的な現象が認識されればされるほど、それを説明することはますます難しくなっていきます。

すると、自分や世界について分かっているとか、自分がいろいろやっているのだといった誤った思い込みや、観察するものと観察されるものがあるという考え、判断したり、物事を計るといったことなどが落ちていくでしょう。成功もなければ、失敗もないのです。気づきさえもありません。

こういった誤った錯覚の解釈は消えていきます。生命は説明する何もまったく必要とせず、ただ起きているのです。私たちが知覚、思考と呼ぶものは気づきの後でも起き続けます。しかし、もうストーリーに脅迫的に集中することがなくなります。

そして生命を描写したり、定義できる「もの」などないということが明白になるでしょう。説明できない何かがただ起きているのです。

最初は、あたかも「私」が座って、この神秘的な出来事を感じ、「私」が瞑想しているかのように見えるでしょう。しかし、ひとたび一つの説明できない動きがあるだけだと気づいたら、瞑想する人も瞑想ももうそこにはありません。一つの動きがあるだけです。起きていることは、わざわざ成される必要もなければ、理解される必要もないのです。

出来事について実に多くの説明があります。歴史的、宗教的、科学的、ニューエイジ的、哲学的、詩的、スピリチュアル的になど。しかし、必死に物事を説明しようとすること、そしてそれが真実だと信じることは、大変な重荷です。

私たちの話は、生命の持つダイナミックで活気的さに比べたら、死んで腐った木の葉の束です。偉大な宇宙、宇宙意識について考えることすら、小さくて、閉所恐怖症的です。

私たちは自分の生命について、見ること、聞くこと、触ること、味わうこと、嗅ぐこと、考えることというように一般的には捉えています。それぞれすべて、目、耳、体、口、鼻、脳と、肉体の器官が結びつきます。そして何かが見られる、聞かれる、触られる、味わわれる、嗅がれる、考えられるなど、それぞれが客体と関わっています。

私たちはこの六つの機能によって、体、世界、そして体と世界の関係があるという完全なファンタジーを抱きます。

この誤りが個人的に何かを理解し、やっているとか、ファンタジーの「私」が人生を理解して、生きているという印象を与えるのです。詩的に言うなら、私たちのすべてがこの六つのスタンプをおでこに貼っているのかもしれません。

ファンタジーの「私」は、ファンタジーの宇宙の中心になります。「私がこれをしました。私がそれをしました。私が先です。そんなこと私にしないでください。黙りなさい。私の話を聞きなさい。私はどうなの？　なぜ私なの？　かわいそうな私。私だけだ。私、私、私。私の、私の、私の。ください、ください、ください」

こうした人間のエゴが、すべての強欲、攻撃性、自分中心、自己防衛の行動を引き起こしているのです。

もし、すべての現象は、川の流れのように起きているだけだと気づいたら、私たちはこういったことから自由になり、自分は分かっている、やっているという考えから自由になれます。そういった思いはまだ起きてくるでしょうけど、それらの思いを信じなくなるのです。

質問者：では、その川とは実際にどこに見つけられるのですか？　どこにあなたが話すその神秘的で、形がなく、自動的で輝いたダイナミックな鼓動があるのですか？　どこにその勝手に動いている動きがあるのですか？

ダリル：それは、唯一私たちが経験してきたことで、唯一今経験していることです。この動きです。

座って、何もしないでください。思考に集中したり、観察する必要もありません。この瞬間が消えることはありませんし、あなたが動きを捉えようとしたり、説明しようとしたり、観察しようとしなくても、なくなることはありません。それは、ただ自然に現れます。誰の努力もなしに。

すべては変化しています。私たちの日常でも変化が遅いものもありますから、直ちに変化が分からないかもしれません。私たちが目を開けているとき、どちらかというと変化が遅いものに焦点を合わせているので、変化していないように見えるかもしれません。

例えば、私たちが今いるこの家は形がないものなのだというのは、すぐには響かないでしょう。しかし、もしあなたが長期に渡ってこの家を考える場合、最終的には朽ちて、埃となり、風に飛ばされていきます。何百年間新しいままでいて、突然一夜で朽ちるわけではありません。今変化し続けているのが分かるはずです。たった今この瞬間、この家は特定の形を持たないのです。

もし、座って目を閉じたら、または見えるものから目線を下方に向けたら、存在が変化し続けていることは明白です。変化していく思い、感情、音、味、匂い、エネルギーの波、鼓動、波動など、動きははっきりしてきます。

注意でさえ、ダンスのように動いています。すべてが自動的に勝手に起きているのです。あなたは、そのどれも特定して説明することはできません。

この日常の瞬間でも、すべては神秘的で、形はなく、説明ができない川なのです。

どれも特定の形を持たないため、鼓動、発光、輝きとも呼べるでしょう。これらの言葉には、動きの感覚があります。触れられる、目に見える動きです。

神秘的で形がなく、自発的、そして発光、輝き、鼓動と私が表現するとき、特定の形を外したり、基にして把握することは難しいかもしれません。それよりも行動、作動、またはダンスといった感覚もあるでしょう。単に、形がないものとしか言えないのです。むしろ、これは自分でそれを探求してみましょうという招待です。形がないものへのステップというよりも、溌剌とした輝きへの招待です。

究極的には私の描写も間違ったものですが、あなたがその描写を突き抜けて、創作や理解が不可能な自由と幸福の感覚を経験してもらうための招待なのです。そこには想像以上の幸福と自由な感覚があります。夜の深い眠りから覚めた感覚と似ているかもしれません。

深い眠りの中では、私たちはすべてをあきらめています。そこには知ること、すること、求めること、所有することはありません。気づきや観察といった観念もありません。

深い眠りという経験から朝覚めた瞬間は、穏やかな気持ちと幸福な感覚があります。それらの感覚は目覚めるプロセスの中で自然に起きるもので、わざわざその感覚を作る必要はありません。

私の言葉は、考えや行動のほうにいつも気が行ってしまっている状態からあなたを抜け出させ、他のどんな方法でも見つけられない自由や喜びを経験してもらうためです。これは誤ったものの見方に意識を向け過ぎて固く収縮した感覚や恐れ、または切羽詰った探求がない状態です。

考えること、行動することに意識を向けようとしなくても、すべてはうまく回っていくものだということに気づくかもしれません。神秘的で、言葉にできない現象の循環。必要なときに自然にアイデアは湧き、行動も起きます。

私たちのあり方、方向性、行動などのすべては単純に起きます。これに気づくことで自由になれるのです。この気づきの観点を得たら、瞑想する人、瞑想、すること、知ること、気づくこと、すべてなくなります。あるのは、どんな方法でも理解できない、この神秘的な起きることがあるだけです。そして、今までもこれ以外には何もなかったことが明白に分かってくるでしょう。

それは形も方向もなく、またコントロールや期待、予測も持てないものへ完全に開いていくということです。この開かれた状態はしばしば愛とも呼ばれます。あなたは体でもなく、心でもなく、ただ愛があるのです。

この愛とは、何か冷たい知的な理解ではなく、ハートの開きです。この愛は誰かや物事、原因、キャリア、修練、理解を満たしたいという、心を痛めるような執着がないものです。

この愛は、すべての人が同じ歌を讃え、歌うといったロマンチックな神話ではなく、あるがままの本当に敏感で繊細なものです。

観念はある程度まで通用します。しかしある段階で、このまったく描写することもできず、予想不可能で、しばしば願わないことも起きるという人生のあるがままに対して、ハートが開かれていくかもしれません。愛とは、このハートが開くことなのです。

私たちのほとんどは、人生の贈り物を拒否しようとしているとも言えるでしょう。なぜなら、予測できないことや、何か嫌なことが起きることへの恐れがあるからです。

しかし、拒否することで過多な緊張が伴い、感情的な不安定を生み出します。生命という肥沃《ひよく》な川の流れを遮《さえぎ》るからです。生命から分離したものは何もなく、それを拒否することは不可能です。

質問者：スピリチュアルなサークルでは、しばしば解放という言葉を聞きますが、あなたの経験として、一体何が解放されているのですか？

ダリル：何も解放されません。なぜなら、今まで縛られていたものは何一つないからです。無知から悟りへ至る旅というストーリーは、ファンタジーに過ぎません。私たちがどう思うかとは何の関係もなく、どのストーリーも当てはまりません。

質問者：何人もの人が、あなた自身の人生について書いて欲しいと頼みましたが、断っているそうですね。なぜでしょうか？

ダリル：なぜなら、それはまた意識を妄想に戻してしまうからです。心理的な苦悩や混乱を生み出すファンタジーに、なぜ戻らなければならないのでしょうか？

質問者：しかし、もし、あなたの人生のストーリーを知れば、あなたの旅は他の皆と同様に容易なものではなかったと皆が分かるでしょう。

ダリル：書店にはすでに難しい人生の物語があふれています。私は何か他のことを指し示しているのです。

質問者：でも、多くの人があなたのストーリーを知りたいと思っています。

ダリル：はい、しかし私は、意識がストーリーへ向かなくなったときに自ずと現れる平和な心や、健やかさを指し示しています。

それによって、あなた個人の旅という幻想において、葛藤や精神的な苦悩がなくなるかもしれません。しかし、あなたがストーリーから離れたときにしか、それは見えてこないのです。

質問者：では、他のテーマについて話し合いましょう。あなたは精神的なエクササイズの実践に反対しているように思えます。そこがもっと知りたいです。

ダリル：私は何に対しても反対していません。しかし、私自身の経験において、本当の自由な感覚や喜びは何かを実践するとか、発達させることにまったく関係がありません。

何となく一般的には、気づきや集中力を高める、もっと意識的になる、もっと注意を向ける、ある特定のことに集中する、今にいるようにする、呼吸を意識する、体の感覚を意識するといったことが上達することだという印象があります。または、洞察力を高める、いつも親切でいるといったことなどです。

私が指し示していることは、気づき、集中力、洞察、または他の何かを高めることについてではないのです。何かを実践することでも、上達させることでも、自己の改善でもありません。

あなたは物事が変化することに不平を言っていませんか？　天気や人間関係、自分の健康、仕事、友達、自分の思いなど。

質問者：はい、皆しています。

ダリル：そうですね。ほとんどの人が、生命の川にある程度気づいています。彼らが不平を言うのは、自分のコントロールを超えて動いていくからです。彼らはすでにこの神秘的で形にならない生命そのものの動きを見ているのです。

誰もこれ以外に経験をしたことはありません。しかし、ほとんどの人がそれを認識することを拒否しています。自分がやっている、自分がコントロールしているという考えに執着することを好むのです。

瞑想とは単に、現れる形への囚われを落とし、絶え間ない動きを認識することです。もし、あなたが毎日ある時間静かに座って、完全に何もしないでいたら、その動きは明白になってきます。自分の内側も外側も、どこもかしこも。

この説明できない生命の動き、それがすべてです。

質問者：しかし、何も努力をしなかったら、動きがなくなって、いつもただ座っていて、何にも反応しなくなってしまうかもしれません。

ダリル：やってみてください。何にも反応しないようにしてみてください。自分にとって納得できるもの、価値を置くもの、大切にしているものをすべてあきらめてみてください。

しばらくは衝動を抑制できるかもしれません。しかし、最終的には反応が押し出てくるでしょう。なぜなら、生命があなたに何らかの状況を与えるとき、あなたの反応も与えているからです。あなたにとって最も納得できて、正しく感じる反応です。すべては永遠に変化していますが、それぞれの出来事においては、最終的に一つの反応が突出して現れるのです。

トラウマ的な状況では、相反する感情や衝動、または他の人たちの意見も混ざって、嵐のような気持ちになるでしょう。しかし、その嵐の中から、最終的に一つの状況に対する反応が現れます。

もし、私たちが反応を抑えてしまったら、自分の中でいろいろな思いが衝突し合います。こういった類の自己コントロールをしようとすることで、結果的に混乱や胃痛、頭痛、うつや疲労を起こしてしまうのです。

と言っても、すべての感情やむら気をぜんぶ出してしまえと言っているのではありません。しかし、確実にある感情は他の感情より強く残り続け、それが私たちの人生のあり方となっていくのです。一瞬の怒りなどが表現される必要はないかもしれませんが、ずっと続いている怒りや不幸感などは、結果的に人生に現れてきます。それは、すべての感情について言えることです。

それぞれの瞬間に、あなたの状況は与えられ、その状況に対してあなたがどう反応するのかも与えられます。そして、また新たな状況、新たな反応が続いて起こり、それは一つの途絶えることのない動きになります。それは、魅惑的な現象のパレードであって、次に何がやってくるのか、知るよしなどまったくありません。

これはある意味、自動的な風景、音、感触、味、匂い、思い、衝動、活動、冒険、トラウマ、混乱、明晰さ、喜びや悲しみが表れてくる、多次元のエンターテイメントシステムです。

これは、それらのすべてであり、さらにそれ以上でもあるのです。

どの瞬間でも、あなたにとって最もしっくりくること、腑《ふ》に落ちることをただすれば良いだけです。肉体的に、精神的に、感情的に、心理的に、そして心理学的に億とある微妙な要素のあなたに関するすべてが、ある特定の状況に沿うようにまとまっていきます。なぜなら、すべては最終的に一つの動きだからです。

どんなふうであれ、あなたは表現されたように表現されるだけです。すべての存在は、この摩訶不思議な表現の流れなのです。座って何もしないかもしれないし、五マイルを走ろうと思うかもしれないし、世界の飢えを終わらせようと思うかもしれません。それは誰も分かりません。生命の川は流れるように流れていきます。驚きで満たされながら。

自分を川の流れに従わせようとする必要はありません。生命の川以外に何もないのですから。

それ以外のものがあったことなど一度もないのです。自我も川の中の動きの一つです。座って何もしないでいても、「オールド・マン・リバー」(一九二九年に創作されたミュージカルソング。アフリカ系アメリカ人の生きる大変さをミシシッピ川に例えた歌)のように、ただ川は流れ続けていきます。

もし、この生命の活動が鮮明に見えてきたら、個人がしているとか、個人が分かっているといった概念は完全に終わります。私たちは形のない水に捧げられるのです。自分自身の人生をこのように失うことで、自分がいる、所有している、何かをしている、知っているという誤った概念も失われ、すべてがただこの不可思議な瞬間に与えられていることが分かります。

もし、これが完全に認識されたら、あるのは素晴らしく不可思議な川だけです。精神的に自分を守るとか、正当化する必要もなく、また自分のイメージを守ったり、存在する言い訳を持つ必要もないでしょう。

肉体に備わる本能的なサバイバルへの機能はまだあります。しかし、自我を守る必要がなくなり、プライド、理屈、正当化、執着、我欲、攻撃性、傲慢、自己憐憫《れんびん》などといったものがなくなっていきます。

私たちは普段自分と他者を比べて、劣るとか勝るとか考えたりします。それはたいてい、自分は不十分だという感覚に基づいています。

また、私たちは今より良い状況というものを無数に想像します。そして、人生の流れがそうなるように頑張って操作しようとします。しかし、それは生命の流れがそのように現れたらそうなるし、人生のプロセスがどうなるかなど、予想することは不可能です。

質問者：あなたは人生がそうであることを強く確信していますね。理解はできますが、私にはあなたのような確信がありません。

ダリル：私に言えることは、言葉だけで確信を得ることはできないということです。生命の動きをよく認識することで、私は確信に至りました。という意味は、思考から抜け出し、意図的にこのただ起きている瞬間にたたずむということです。何も得ることはなく、何もすることはなく、そして何も理解するものはありません。

これが一瞬見えるようになるために、一時間何かを実践するというものでもありません。この生命の動きしかないのです。ただ座って、それが自ずと見えてくるままにするだけです。

もしかするとイライラや落ち着きのない感覚、静けさ、怒り、穏やかさ、悲しみ、幸福感、もしかすると何億もの思考も流れてくるかもしれません。またはまったく思考がなかったり。それが何であれ、すべて変化しています。これがやむこともなく、そしてこれらは勝手に自動的に起きています。

操作しようとせず、ただそのままにしていれば、自然の秩序によってそれらは現れ出てきます。格闘しなくて良いし、違う状態であって欲しいと思わなくて良いし、また努力してどうにかする、ある方向へ持って行こうとする、理解しようとするなどしなくて良いのです。そこには大きな穏やかさがあり、人生と格闘する必要もなく、そしてただ人生への信頼が増していきます。生命が生み出す現象は、それ自身のリズムと流れによって動き、いつもそうでしかありません。

それはミラクルな生命の表現であり、私たちは単純にその現れた表現です。

最初は安全で静かな部屋で一人か、または自分が信頼している人とともにただ座ってみましょう。するとすぐにどんな活動をしているときでも、このことが明らかとなってきます。すべてがこの不可思議なプロセスで、そのプロセスがプロセスを起こしているのです。

もし、あなたが人生について知りたかったら、その流れをよく見てみてください。川岸に座って川の流れを見るように。「今」という水が変化し、光景、音、感触、味、匂い、思考、いろいろな気分といったダンスをしています。

もしかすると、あなたは見ている人も流れていることに気づくかもしれません。体の感覚が現れたり去っていったり、呼吸が出たり入ったり、心臓の音や鼓動、エネルギーの波、熱、冷たさ、重さ、軽さ、体のちょっとした痛みや変化など。

さらに、あなたは観察自体が流れ、変化していることに気づくかもしれません。注意があちこちに動いたり、ある瞬間は呼吸を意識し、次の瞬間は音、次は光景、次は感触など、ときには鮮明で、ときにはにぶく。

こうした動きしかないのは、すぐに明白になるはずです。そうなれば、この動きのさざ波を言葉で表そうとしたり、そこに巻き込まれてしまうこと自体が意味をなさなくなるでしょう。

究極的には、この生命の川について理解することはできません。完全に不可解なものなのです。この完全なる不可思議においては、気づき、純粋意識、観察、自己、世界、すること、知ること、存在というすべての観念から自由です。

何かをしようと試みなくても、知らなくても、何かであろうとしなくても、驚くべきことに人生はただ起き続けます。

そして、もっと驚くべきことは、どんな大切なことも失われていないということです。その代わり、恐れや欲、非難、怒り、論争、疑い、疎外感、孤独といったものが溶けて去っていきます。

こういった類の古い思いや感情の癖は、まだ出てくるでしょう。しかし、だんだんとそれらを保持していることが難しくなっていきます。ただ、プロセスは人それぞれ違います。

質問者：あなたが教えている人々は、こういった自由を経験しているのですか？

ダリル：はい。しかし、私は誰かに自由になる方法を教えているわけではありません。その人がこの生命への感覚に対して、そうだなと感じるものがあるかどうかです。それを感じ、見ていった人は、何の努力もなく自分自身を人生の中心から取り去ることができます。単純に古い世界観が間違っていたと気づけば良いのです。

私が誰かを気づきにつなげていくことはできません。私にできることは、観察できるいくつかの事実を指差すだけです。

ある人にとってはそれは単なる好奇心であって、それほど重要なことではないでしょう。他の人にとっては私が指差した事実が見えたとき、人生への感覚が劇的に変化するかもしれません。そしてそのときから、混乱や不安の混じった個人的なストーリーは、自動的に溶け始めていきます。

質問者：それが仏教や道教、アドヴァイタや他の教えが言っている自由なのですか？

ダリル：いろいろな点を見れば、確かにそう見えますね。しかし常に、いや違うと異論を述べる人たちもいます。

私にとって、その質問そのものがあまり重要ではありません。大切なのは、あなた自身のたった今の経験です。

私からも聞きたいことがあるのですが、あなたが知っているすべては、常に変化していますかということです。そしてそれは本当かと。とてもシンプルな質問です。

そしてまた、その変化は自動的に起きていますかということも。

もし、特に何かをしたり、こうあろうとする努力もせずにただ座ってみたとき、それでもあなた自身も含めて人生は起き続けていますか？

もしこの質問にイエスと返事したなら、あなたのすべての経験において、存在とは絶対的に自動的にただ起きているはずです。

それはあなたの経験でしょうか？

そうであれば、あなたは直ちにあらゆる人が話すすべての教えや理論の外側に出るでしょう。そして、古今東西、存在について語られたことも究極的には重要でなくなります。私の話も含めて。説明は無理なのです。

そして驚きと魅惑だけが残ります。それは星で満たされた壮大な夜空にいるような魅惑と同じ感覚かもしれません。見上げたとき、そこに起きていることの美しさ、無限さは言葉で表せません。思考は完全に当惑し、ただ畏敬の念だけが残ります。

皿を洗っているとき、風呂場の鏡を見ているとき、考えごとをしているときでも、この魅惑を感じることは可能です。なぜなら、最も日常的な瞬間も同じように不可思議な現れだからです。

私たちのほとんどはファンタジーに焦点を置いて、それが本当のことだと信じています。偉大で魅惑的な存在の川は、人生の葛藤に必死にしがみつかれ、自我の生むストーリーによって無視されてしまいます。

もしあなたがこの川を完全に認識すれば、たとえたった一度でも、それらの妄想はもう維持できなくなるでしょう。

異なる表現方法で

すべては形のない、
メッセージも不在の、
完全なる不思議。

そして、それが目に明らかな始まりを生み出す。

始まりには宇宙の法があり、
現象のイメージ、描写がある。
そして、宇宙の法は神秘とともにあり、
宇宙の法は神秘そのものである。
そして宇宙の法は、形のない水を仮面で覆う。

現象の不可思議、
形のないものを図り、計測すれば、
それらはすべて失敗に終わる。

というのも、形のないものを判断し、図ることで、
それらは図られ、判断される。
比較され、そこに欠如が生まれる。
分離され、そこに孤独も生まれる。

そして曲がりくねった物語に落ちていき、
私の誕生、私の死、私の葛藤、私の痛み、私の権利。ストーリー、形への崇拝、偶像。

生と死のイメージ。
困難と悲痛の。
遺棄と背信の。

伝染病、戦争、飢饉の。
不毛の地をさ迷うことの。
探求、希望、そして絶望の。

虚栄、虚栄、すべては虚栄。

物質も肉体も流れていく。
その川に飛び込み水浴しよう。
形のない川に自分を放り込み、
きれいにしてもらおう。

静かなところで、オープンに、物質や肉体としてではなく、
動きとして。

静かなまま、気づいてみる。あなたの体は流れている。

宇宙の偉大な街は、川として流れている。
すべては流れている。
現象はきれいに洗われる。
すべては形がない。
そして不可思議の家に棲む。

L’s ps

［断り：ジェームス・ジョイスの“Finnegans Wake”を異なる意向で引用］

すべての葉が私から風に流されていった。
でも、一つの葉だけがまだついている。それは、愛。
それをいつも覚えておこう、
あの頃の私たちの毎朝の優しさ。
父よ、あの静寂の緑の中に連れて行って、
おもちゃの祭典に連れて行ってくれたときのように。
連れて行って、でも優しく、思い出させて、
あなたの愛が幻想を終わらせるまで、
そして鍵は与えられた。
孤独よ去れ！　ついに愛が。
川の流れに
沿って。

訳者あとがき

この本を手にしたのは、二〇一三年の春のことでした。序章の若者と老人の会話を読んだとき、私はどことなく般若心経を感じ、深い心地よさに包まれたのです。というのも、その二年前に一瞥体験をしたせいで、今思えば「何も起きていない」、「何もない」という「空」に偏った真実の捉え方にはまってしまっていたからです。

しかし、この本によって「変化するあらゆるもの」としての「色（現象）」にもっと目を向けることができ、何かもっと大きなもの、優しく揺るぎない真実が待っている予感がしたのです。

運よく、その同じ夏にダリル・ベイリー氏のリトリートがロンドンの私の自宅から車で一時間ほどのところであったのです。普段、カナダの北部の町にある倉庫で働いているダリルが、サットサンやリトリートを開催することは滅多になく、それはとても貴重な機会でした。

リトリートの様子は、まさにこの本のように「すべては移り変わっていき、そこに何も実体はない」という観点を中心にダリルと参加者の会話がなされていきました。穏やかな口調ながらも確信に満ちていて、揺らぐことが一切ないダリルの語り口は、とても心地良いものでした。

そのおかげか、リトリートの間中、私たちは周囲の自然や自分の動作、時間の移り変わりをじっと見て、感じて、どんなに固定しているように見えても、すべては変化していることを実感していきました。もちろん、そのすべての変化に気づいている「awareness（気づいている意識）」だけを残して。

五日間のリトリートの中で、普段はほとんど語らないと言いながら、自分の生い立ちや探求をしていた頃の話もしてくれました。貧困地区に生まれ育ち、少しでも油断をしていると、暴力に巻き込まれるという緊張感が高い日々を送っていたせいで、ティーンエイジになる頃には、不幸感や劣等感、自己否定が激しく、毎日生きることが苦しくて仕方がない状態になっていました。しかしある日、靴の紐がゆるんだためかがんで結んだとき、一切の思考がない瞬間が生まれたのです。そのとき小さい頃から実は感じていた、大いなるもの、体や思考や感情でない自分の本質を感じ、それは不幸感でいっぱいだった当時のダリルに大きなインパクトを与えたそうです。

おそらくそれが彼の探求の出発地点だったのかもしれません。その後、仏教徒になったり、肉体的に激しい修行をしたり、有名なスピリチュアル・ティーチャーとともに暮らしたり、長い探求生活を経たが、真実へは近づけなかったとのことです。しかし、一切のそういった探求をやめ、ただ単にここに起きていること、ここにあるものを見つめていった結果、一年ほどしてこの真実が腑に落ちていったそうです。

「空」の視点から見れば、もちろんあらゆるものが「ない」けれど、「ある」の視点から見ても、やはりすべては変化し、そこに何も実体はない。ただ、実体はなくとも、明らかに存在があり、それは生命そのもので、そこに行為者も一切なく、それでもあらゆる現象が生み出される……、それはダリルがこの本で何度も言うように思考では捉えられない、まさに「摩訶不思議」であって、それが私たちの本質、私たちそのもの。

この本が読者の皆様の中にある真実に触れることができましたら幸いです。

二〇一七年五月

溝口あゆか

■ 著者

ダリル・ベイリー（Darryl Bailey）

1951 年、カナダ生まれ。14 歳のときに経験への視覚的なシフトが起き、それ以来存在への興味に目覚める。悟りそのものよりも、あらゆるものが常に移り変わることにずっと魅了され、クリシュナムルティを始め、ヨガ、仏教、キリスト教、現代心理学などを探求し、実践を重ねる。31 歳からルース・デニソンのもとで 9 年間修業をし、そこでロバート・アダムスに紹介される。そのときの対面で、ロバート・アダムスも人生は言葉で表せず、形を持たない現象と捉えていることが分かり、大きな影響を受ける。しかしその後もタイで 6 年間、仏教徒として瞑想の修行をし、最終的にカナダに戻る。本当に自分が何一つ起こしていないことを数か月見つめ、確信に至る。現在、カナダ在住。倉庫で働きながら、ヨガセンターなどでトークを定期的に行っている。

■ 訳者

溝口あゆか

早稲田大学第一文学部美術史卒。日本で 10 年の会社員生活を経て、ロンドン大学ゴールドスミス・カレッジ芸術運営学修士号。Center for Counselling and Psychotherapy Education にて心理学を学び、心理カウンセラーの資格を取得。JMET 代表 EFT マスタートレーナー、また日本人唯一の Matrix Reimprinting（EFT を発展させたセラピー）トレーナーでもある。現在、心理カウンセラー＆セラピストとして数多くの経験から、心のしくみやセラピーのテクニックを教えるコースやセミナーなどを展開。また、心の悩みを深いレベルで癒すプログラム、「オープン・アウェアネス・ダイアローグ（OAD）」を提唱。著書に「こころがスーッと軽くなるさとりセラピー」（大和出版）など。

ファンタジーの終焉

生命の充全さへのいざない

●

2017年7月19日　初版発行

著者／ダリル・ベイリー

訳者／溝口あゆか

編集・DTP／川満秀成

発行者／今井博央希

発行所／株式会社ナチュラルスピリット

〒107-0062　東京都港区南青山5-1-10　南青山第一マンションズ602
TEL.03-6450-5938　FAX.03-6450-5978
E-mail：info@naturalspirit.co.jp
ホームページ http://www.naturalspirit.co.jp/

印刷所／中央精版印刷株式会社

ISBN978-4-86451-246-6 C0010

●新しい時代の意識をひらく、ナチュラルスピリットの本

早く死ねたらいいね！
リチャード・シルベスター 著
村上りえこ 訳
非二元の痛快なる一書！ 人はいない。誰もいない。すべては意識。タイトルは著者がトニー・パーソンズから受けた祝福の一言。
定価 本体一四〇〇円＋税

あなたも私もいない
リック・リンチツ 著
広瀬久美 訳
コーネル大学医学部出身の医師が目覚めて対話で答えた本。トニー・パーソンズ、ネイサン・ギル、大和田菜穂さんの系統の非二元の本質、「個人はいない」ということがよくわかる一冊。
定価 本体一八五〇円＋税

オープン・シークレット
トニー・パーソンズ 著
古閑博丈 訳
ノンデュアリティの大御所トニー・パーソンズの原点。対話形式ではなく、すべて著者の記述による、「悟り」への感興がほとばしる情熱的な言葉集。
定価 本体一三〇〇円＋税

何でもないものがあらゆるものである
トニー・パーソンズ 著
髙木悠鼓 訳
ノンデュアリティの大御所、遂に登場！ この本はかなり劇薬になりえます！ 探求者はいなかった。悟るべき自己はいなかった。存在だけがある。生の感覚だけがある。
定価 本体一六〇〇円＋税

プレゼンス
第1巻／第2巻
ルパート・スパイラ 著
［第1巻］溝口あゆか 監修／みずさわすい 訳
［第2巻］高橋たまみ 訳
ダイレクトパスのティーチャーによる、深遠なる深究の書。今、最も重要な「プレゼンス」（今ここにあること）についての決定版。
定価 本体［第1巻二一〇〇円／第2巻二二〇〇円］＋税

すでに目覚めている
ネイサン・ギル 著
古閑博丈 訳
フレンドリーな対話を通じて「非二元」の本質が見えてくる。非二元、ネオアドヴァイタの筆頭格のひとりネイサン・ギルによる対話集。
定価 本体一九〇〇円＋税

ホームには誰もいない
信念から明晰さへ
ヤン・ケルスショット 著
村上りえこ 訳
ノンデュアリティ（非二元）について懇切丁寧に順を追って説明している傑作の書。分離のゲームから、タントラ、死、超越体験まで網羅している。
定価 本体一八〇〇円＋税

お近くの書店、インターネット書店、および小社でお求めになれます。